bastardilla "

Julio Ramón Ribeyro (Lima, 1929-1994) estudió Letras y Derecho en la Universidad Católica de Lima. En 1960 emigró a París. Allí trabajó como periodista en France Presse y como consejero cultural y embajador ante la UNESCO. Es autor de una fecunda y variada obra narrativa entre la que se encuentran colecciones de relatos como *Los gallinazos sin plumas* o *Solo para fumadores* y novelas como *Crónica de San Gabriel*. En los ensayos breves de *Prosas apátridas*, en las entradas de su diario *La tentación del fracaso* y en sus artículos recogidos en *La caza sutil* ha transitado un territorio fronterizo entre distintos géneros. Es ahí justo donde se hallan los aforismos de este libro. En un autorretrato publicado en 1963 escribió, no sin ironía, esto de sí mismo: «Fue un escritor bien dotado, de una inteligencia desarrollada, pero indecisa, de una cultura general irregular y perezosa, que soportaba sin gran fastidio grandes lagunas».

Dichos de Luder

_ Julio Ramón Ribeyro

La Caja
Books — *bastardilla* "

Dichos de Luder
Primera edición: febrero de 2024

© del texto: Julio Ramón Ribeyro
© de esta edición: La Caja Books

Coordinación editorial: Raúl E. Asencio
Diseño de la colección: Setanta
Maquetador: Pere Fu
Corrección: Leticia Oyola

© La Caja Books
www.lacajabooks.com
info@lacajabooks.com

ISBN: 978-84-17496-87-6
Depósito Legal: V-4429-2023

Índice

Luder presentado por Julio Ramón Ribeyro

A Luder lo frecuenté mucho durante los largos años que vivió en París. Ocupaba un viejo departamento en el Barrio Latino sin más compañía que su criada y, por épocas, de una que otra amiga que podía quedarse allí solo unos días o una larga temporada. En su espaciosa biblioteca, donde pasaba la mayor parte del tiempo leyendo, escribiendo o escuchando música —tan pronto óperas de Verdi como boleros de Agustín Lara—, recibía al atardecer muy irregularmente a dos o tres amigos y a los pocos jóvenes autores o estudiantes que habían leído sus raras publicaciones. Estas veladas eran sencillas. Se bebía solo vino (tinto y burdeos, sobre esto Luder era inflexible) y se hablaba de todo, sin protocolo ni concierto. Era visible que Luder encontraba un vivo placer en estas visitas, pues le permitían salir de su aislamiento y asomarse, aunque fuese por momentos, a una realidad que le era cada vez más extraña y, en muchos aspectos, insoportable.

Con el tiempo estas veladas se fueron espaciando y llegó un momento en que Luder dejó de recibir y de salir. En parte por razones de salud y en parte porque su tendencia a la soledad se había ido exacerbando y lo conducía necesariamente a someterla a pruebas más rigurosas y, diría yo, irrevocables. Fue así que un día convocó a sus amigos más cercanos para anunciarnos que abandonaba París para instalarse en algún lugar del Perú. Poco después liquidó todos sus bienes —que aparte de su biblioteca no tenían mayor valor— y se fue sin despedirse de nadie.

Desde entonces, hace casi dos años, no hemos tenido noticias de él. Que se encuentre —como dicen algunos— en el valle del Urubamba, cerca del Cusco, amancebado con una campesina jovencísima y analfabeta o que haya elegido como refugio —según otros— una caleta pesquera abandonada es secundario y no viene al caso, pues no es mi propósito fomentar una pesquisa que atentaría contra su voluntad de apartamiento. Solo quiero recalcar que la partida de Luder nos dejó una inquietud y, para ser sincero, una decepción. A pesar de la forma irónica como siempre se refirió a sus escritos y a la tarea literaria en general, sus amigos confiábamos en que, llegado a la madurez, nos dejaría antes de partir algo más importante y sólido que los pocos libros que publicó en editoras marginales o a cuenta del autor. Quizás esa obra la esté escribiendo en su retiro ignorado, pero también es posible que su retiro sea una dimisión —una abdicación, como él diría— de toda responsabilidad literaria.

Este pequeño libro es una recopilación de algunos de sus dichos, que anoté cuando conversamos en París o durante sus esporádicas visitas al Perú. Al publicarlos —por amistad, por simpatía y con la esperanza de despertar interés por un autor casi ignorado— he tenido que vencer un escrúpulo: ¿Qué pensaría Luder de esta publicación? ¿La hubiera aprobado? Su viaje intempestivo no me permitió tratar en forma explícita el asunto, pero me acuerdo que en una ocasión le dije que había tomado nota de sus conceptos y que alguna vez los publicaría. «Los conceptos pertenecen al dominio público —me dijo secamente—. Solo las formas son privadas». Frase poco clara y discutible, que interpreto a mi favor, si bien comprendo que en sus dichos los conceptos y las formas son inseparables.

París, 1984

Dichos de Luder

1

—No te desesperes —le dicen a Luder cuando se lamenta por no haber encontrado la compañera ideal a causa de sus achaques y sus manías—. Siempre hay un roto para un descosido.

—Sí, pero yo no soy roto ni descosido: soy un remendado.

2

—¿Has leído su última novela? —le preguntan, refiriéndose a un autor famoso—. ¡Qué musicalidad, qué ritmo, qué riqueza de voces! ¡Es un verdadero oratorio!

—Que lo cante —responde Luder.

3

Envidian a Luder porque una o dos veces al mes se amanece conversando con un amigo muy inteligente.

—¡Debe ser una conversación apasionante!

—Ni crean. Como ignoramos más de lo que sabemos, lo único que hacemos es canjear fragmentos de nuestra propia tiniebla interior.

4

—Ven con nosotros —le dicen sus amigos—. La noche está espléndida, las calles tranquilas. Tenemos entrada para el cine y hasta hemos reservado mesa en un restaurante.

—¡Ah, no! —protesta Luder—. Yo solo salgo cuando hay un grado, aunque sea mínimo, de incertidumbre.

5

—Se sueña solo en primera persona y en presente del indicativo —dice Luder—. A pesar de ello el soñador rara vez se ve en sus sueños. Es que no se puede ser mirada y al mismo tiempo objeto de la mirada.

6

Le preguntan a Luder por qué no escribe novelas.

—Porque soy un corredor de distancias cortas. Si corro el maratón me expongo a llegar al estadio cuando el público se haya ido.

—Me he enterado de que tu nombre unido a ciertos sufijos quiere decir en alemán borrico, ocioso, mequetrefe...

—No me extraña —dice Luder—. Siempre he creído en el carácter profético de los nombres.

8

Caminando con un amigo Luder se ve reflejado en la vitrina de una tienda.

—Ya me fregué —dice, sobreparándose—. Acabo de darme cuenta de que no soy un hombre de hoy sino un letrado de ayer. Hasta en mi manera de caminar arrastro los escombros de mi educación literaria.

9

Sus amigos se sorprenden de encontrarlo a menudo releyendo los libros de Kafka.

—Es mi tarjador —dice Luder—. En él afilo la punta gastada de mi espíritu.

10

—Una cualidad que te envidiamos es haber logrado siempre evitar las discusiones —le dicen a Luder.

—No veo por qué. Entrar en una discusión es admitir por anticipado que tu contrincante puede tener razón.

—Nunca he sido insultado, ni perseguido, ni agredido, ni encarcelado, ni desterrado —dice Luder—. Debo en consecuencia ser un miserable.

12

—Hay autores que fracasan majestuosamente —dice Luder—. Son como un transatlántico que se va a pique en plena tempestad, con todas sus luces encendidas, entre el ulular de las sirenas. Otros, en cambio, son como el tipo que se ahoga en un estanque fangoso, sin que nadie lo vea agarrado al mango de una escoba podrida.

—Cuando a Balzac le entra la manía de la descripción —observa un amigo— puede pasarse cuarenta páginas detallando cada sofá, cada cuadro, cada cortina, cada lámpara de un salón.

—Ya lo sé —dice Luder—. Por eso no entro al salón. Me voy por el corredor.

14

—Es curioso —dice Luder—. En el fondo de los ojos de las personas extremadamente bellas hay siempre un remanente de imbecilidad.

—Así como hay una palabra que ha dado origen a todas las palabras —dice Luder—, debe haber una sentencia que contenga todas las enseñanzas y toda la sabiduría del mundo. Cuando la descubramos, el tiempo cesará de existir, pues habremos entrado a la era inmóvil de la perfección.

16

—Por favor —dice Luder a su criado—. Deja entrar a quien sea, menos a sociólogos barbudos que están haciendo una tesis sobre *El escritor y su tiempo*.

17

Le reprochan a Luder no separarse de una amiga que lo atormenta.

—No puedo. A fuerza de padecerlo, nuestro infierno personal se nos vuelve imprescindible.

18

—¿A qué te dedicas ahora? —le preguntan a Luder.

—Estoy inventando una nueva lengua.

—¿Puedes darnos algunos ejemplos?

—Sí: dolor, soñar, libre, amistad...

—¡Pero esas palabras ya existen!

—Claro, pero ustedes ignoran su significado.

19

Le hacen notar a Luder que nunca ha manifestado celos ni envidia por el triunfo de sus colegas.

—Es verdad. Eso les puede dar una idea de la magnitud de mi soberbia.

20

—¡No te des tanta prisa! —le reprocha Luder a un amigo que tiene la costumbre de andar siempre muy rápido—. De todas maneras vas a llegar puntualmente a la hora de la cita que tienes concertada con la muerte.

—Un libro magistral —dice Luder— puede ser un agregado de frases banales, del mismo modo que con una sucesión de frases geniales no se hace un libro magistral. En el arte literario, curiosamente, el todo no es la suma de las partes.

22

—Lo que tú dices suena a viejo —le reprochan a Luder—. Esa música ya la hemos escuchado.

—Sí, pero no con el mismo instrumento.

—¡No, por favor! —protesta Luder, cuando vienen a buscarlo una vez más para que firme un manifiesto humanitarista o participe en un mitin a favor de un pueblo oprimido—. Amar a la humanidad es fácil, lo difícil es amar al prójimo.

24

—Quienes me conocen —dice Luder— saben que cuando me denigro es para que me ensalcen. Pero ignoran que cuando me ensalzo es para que me den inmediatamente la razón.

25

Se tropiezan con Luder que camina veloz-
mente por los malecones del Sena.

—¿Adónde vas?

—A la plaza de la Concordia. A mediodía
le cortan la cabeza a Luis XVI.

—¡Pero eso ocurrió hace dos siglos!

—¡Ah, caramba! —dice Luder mirando
su reloj—. Veo que llevaba un ligero retraso.

26

—Hace tiempo que no se lee nada tuyo —le dicen a Luder—. ¿Has dejado de escribir?

—Les responderé con más precisión: he abdicado.

—¡Ah! —suspira Luder, cogiendo los boti-
nes de lana que ha tejido una amiga para
el hijo que ha dado a luz—. ¡Tan pequeños
zapatitos para medir el mundo!

28

Un amigo viene a visitar a Luder que está muy enfermo y lo encuentra escribiendo febrilmente.

—¿Cómo? —le pregunta en broma—. ¿Estás escribiendo tu canto del cisne?

—¡Ojalá!... Mi gruñido del puerco.

29

—Estoy preocupado —dice Luder—. He
leído que nuestro presidente no fuma,
ni bebe, ni juega, ni enamora.

—¿Y qué?

—Me espantaría ser gobernado por
un hombre que haya ganado un premio
de virtud.

30

—Es extraño —dice Luder, deteniéndose para observar al pequeño hijo de una mendiga callejera—. Miren bien sus ojos: ellos contienen todo el sufrimiento que lo espera, pero también la certidumbre de su venganza.

—Podemos ver el movimiento —dice
Luder—, pero no podemos imaginarlo.
Nuestra representación del movimiento procede por el sistema de la
sucesión de vistas fijas.

32

—Soy como un jugador de tercera divi-
sión —se queja Luder—. Mis mejores
goles los metí en una cancha polvorienta
de los suburbios, ante cuatro hinchas
borrachos que no se acuerdan de nada.

33

—¡Cuánto lo siento! —se excusa Luder, cuando le piden su opinión sobre los trágicos griegos, Virgilio o *La divina comedia*—. Hasta ahora no he podido cumplir la cita que tengo en una isla desierta con los Grandes Autores de la Literatura Universal.

34

—Es un escritor tan anticuado —dice Luder— que cuando abres uno de sus libros todas sus letras salen volando, como una nube de polillas.

—Grandes artistas son los que dan origen a una escuela —dice Luder—. Pero prefiero a los que desalientan con su obra toda tentativa de imitación.

36

—Esas casas en las cuales cada cosa está en su lugar me ponen la carne de gallina —dice Luder—. Se diría que están deshabitadas o que sus habitantes pasan superficialmente sobre todo. Cierto desorden es necesario para sentir la cálida palpitación de la vida.

37

—Dile que no estoy —susurra Luder a
su criada, que le muestra una tarjeta
de visita—. Es un semiólogo que anda
en busca de una estructura.

38

—Si me quejo a menudo de mis males no es para que me compadezcan —dice Luder— sino por el infinito amor que le tengo a mis semejantes. Me he dado cuenta de que la gente duerme más tranquila arrullada por la música de una desgracia ajena.

—Estoy arruinado —le dice un amigo que acaba de perder su modesto trabajo de profesor de colegio.

—Exageras —le consuela Luder—. Los pobres siempre han estado arruinados. Solo los ricos tienen el privilegio de arruinarse. Aunque también es verdad que un rico arruinado será siempre menos pobre que un pobre rico.

40

Luder espera pacientemente que su amiga termine los reproches crueles y cáusticos que le hace por un asunto nimio.

—Las mujeres serían más bellas —suspira— si se dieran cuenta de hasta qué punto la maldad las afea.

41

—Déjeme tranquilo —dice Luder a sus amigos que lo sorprenden tendido de espaldas en la azotea mirando el cielo estrellado—. Este es uno de los pocos recursos que me quedan para entrar en tratos con el infinito.

42

—Nunca has expuesto tu vida, tu libertad, tu seguridad, tu comodidad, por
una causa —critican a Luder—. En una
palabra, nunca te has comprometido.

—¿Cómo? ¿Les parece poco que
haya comprometido así mi reputación?

43

—Lo maravilloso de este paisaje —dice
Luder durante una excursión a los are-
nales de la costa— es que aquí no hay
cabida para las expansiones sentimenta-
les. Salicio y Nemoroso hubieran enmu-
decido en estos médanos y sus musas
muerto de erisipela. ¡De cuántas malas
églogas se ha librado nuestra literatura!

44

—La única victoria de la que me puedo jactar —dice Luder— es haber gastado toda mi jovialidad en volverme inexpugnable a la amargura.

—¡Cómo me hubiera gustado conocer a Goethe, a Stendhal, a Joyce! —exclama un amigo entusiasta.

—¡Ah, no! —protesta Luder—. No los hubieras aguantado más de cinco minutos. Casi todos los grandes escritores son unos pesados. Solo la muerte los vuelve frecuentables.

46

Encuentran a Luder abatido ante una revista abierta.

—¡Dicen aquí que mi estilo se acerca a la perfección!

—¿Y eso te molesta?

—¡Naturalmente! El gran arte consiste no en el perfeccionamiento de un estilo, sino en la irrupción de un nuevo estilo.

—Nunca alcanzarás a los ricos —le dice Luder a un amigo mundano y arribista—. Cuando te mandes hacer tus ternos en Londres, ellos ya se los hacen en Milán. Siempre te llevarán un sastre de ventaja.

48

Le preguntan a Luder por qué rompió con una amiga a la que adoraba.

—Porque no tenía ningún contacto con su pasado. Vivía constantemente proyectada en el tiempo por venir. Las personas incapaces de recordar son incapaces de amar.

—Quizás solo en el instante de morir
—dice Luder— recibamos la llave del
cofre donde está guardado el libro que
contiene el secreto de la verdad. Pero
ya no podremos transmitir ni la llave,
ni el libro, ni el secreto, ni la verdad.

50

—Lo mismo o algo parecido dice Montaigne en sus *Ensayos* —le reprocha alguien al escucharlo lanzar una sentencia moralizante.

—¿Y qué? —protesta Luder—. Eso solo demuestra que los clásicos siguen plagiándonos desde la tumba.

—Empieza a sobrarme un poco de pasado —se queja Luder—. Ya no sé dónde meterlo ni qué hacer con él. Eso quiere decir que me estoy volviendo viejo.

52

Le muestran un artículo en el que se habla de todos los escritores de su generación menos de él.

—Me libré de la redada —dice Luder.

—Cuando me muera pueden pasar dos cosas —dice Luder—. Que desaparezca para siempre y no sepa nunca más de mí o que me encuentre conmigo mismo en un mundo exacto o parecido. Ambas posibilidades me dejan indiferente.

54

—No es que yo sea bondadoso —dice Luder—. Sucede simplemente que no soy malo. He escogido el cómodo camino de la virtud por omisión.

Luder regresa de su habitual paseo por el malecón.

—Estoy confundido —dice—.Cuando me aprestaba a gozar de una nueva puesta de sol, un vagabundo salta la baranda, camina hasta el borde del acantilado, se baja los pantalones y se caga mirando mi crepúsculo. Eso demuestra la relatividad de nuestras concepciones estéticas.

56

—Toda mi obra es un acta de acusación contra la vida —dice Luder—. No he hecho nada por mejorar la condición humana. Si mis libros perduran, será debido a la perversidad de mis lectores.

—Ten más cuidado—suspira Luder cuando su amiga chilla al descubrir una mancha de vino en la alfombra—. No te das cuenta de la fragilidad de las cosas. Acabas de reducir a trizas con tus gritos este domingo cristalino.

58

—Vámonos ya —le dicen a Luder, que sigue refugiado en un portal, escrutando el cielo lluvioso, en medio del estampido de los truenos—. El temporal ya está pasando.

—Prefiero que pase. En toda tormenta hay un rayo reservado para cada uno de nosotros.

—Lo que diferencia a los escritores franceses de los estadounidenses —dice Luder— es que los primeros se limitan a cultivar un jardín, mientras que los segundos se lanzan a roturar un bosque.

    —¿Y tú?

    —Ah, yo solo riego una maceta.

60

—Todos conocen las palabras que arroban, las palabras que asustan, las palabras que hieren —dice Luder—. Solo nos falta descubrir la palabra que mata.

61

—¿Qué opinas de la vanguardia? —le preguntan a Luder.

—¿La vanguardia? No tengo nada que ver con el arte de la guerra.

62

—La ventaja de ir perdiendo la vista —dice Luder— es que notamos menos la fealdad de la gente. Así, en cada mujer que cruzo en la calle me parece ver la sonrisa difusa de la Gioconda.

—Nada, absolutamente nada compensa el sacrificio de la vida de un adolescente —dice Luder—. Por eso aborrezco a esos profetas endemoniados que conducen a toda una generación de jóvenes al martirio. Para ellos, solo para ellos, habría que rescatar los castigos crueles que inventaron los antiguos: ahorcarlos con sus propias barbas y entregar sus restos a la voracidad de los cuervos.

64

—¿No te preocupa escribir desde hace treinta años para haber alcanzado tan minúscula celebridad? —le preguntan a Luder.

—Por supuesto. Me gustaría escribir treinta años más para llegar a ser completamente desconocido.

—Dije una vez que nuestro cuerpo, nuestra vida, era como casa alquilada —recuerda Luder—. Peor todavía: somos carromato de saltimbanqui, un pobre caparazón ambulante que solo sirve para trasladar unos cuantos cachivaches de una época a otra de la historia.

66

Un amigo irrumpe en su casa para anunciarle que ya se firmó el armisticio.

—¡Bah! —comenta Luder—. Ya te darás cuenta de que la paz solo consiste en cambiar la guerra de lugar.

—Leí en alguna parte esta frase —dice Luder—: «Nuestro primer deber es sobrevivir, ya luego nos ocuparemos de la victoria». Pero también podría decirse: «Nuestro primer deber es la victoria, qué importa si no sobrevivimos». Todos los aforismos son reversibles.

68

—Las obras verdaderamente importantes —dice Luder— son aquellas en las que la significación no está soldada sino superpuesta a la materia. Entre ambas hay una *luz* que permite hacer girar periódicamente una sobre la otra.

Encuentran a Luder que deambula pensativo por una calleja perdida del Barrio Latino.

—¿Qué haces por aquí?

—Estaba caminando tras los pasos muertos de una antigua primavera feliz.

70

—Hoy he amanecido particularmente optimista —dice Luder—. Creo que voy a poder al fin dedicarme a la redacción de mi epitafio.

—Cuando alguien empieza por decirme «Te voy a ser franco...», los pelos se me ponen de punta —dice Luder—. Adivino que me va a tirar a la cara alguna verdad brutal. Con lo agradable que es vivir en un delicado engaño.

72

—Me he dado cuenta de que cometo siempre los mismos errores —dice Luder—. Lo que es una gran comodidad: el discurso de arrepentimiento lo tengo ya preparado.

73

—La libertad, por desgracia, no se puede
compartir —dice Luder—. Toda compañía,
por agradable que sea, implica una conce-
sión. Solo pueden ser libres los solitarios.

74

—Hay que estar muy atentos —dice Luder—, hay que estar día y noche atentísimos para descubrir la ventana por la cual podemos despegar intrépidamente hacia lo desconocido.

Le preguntan por qué se emborracha esporádicamente en tabernas mal afamadas.

—Por precaución —dice Luder—. Sucede que a veces me despierto con la vaga satisfacción de estar llegando a ser una persona respetable.

76

—Al despertarte, no tires nunca de la cola del sueño —dice Luder—. Es mejor dejar que el monstruo regrese a su madriguera.

—Me conmueve la desesperación de tantos jóvenes artistas por no perder el carro de la modernidad —dice Luder—. No se dan cuenta de que ese carro conduce inexorablemente al Museo de las Antigüedades.

78

—Llega un momento en que las andanzas
se convierten en remembranzas —dice
Luder—. Entonces ya no vale la pena
salir, pues no vemos nada ni aprendemos
nada. La puerta de la calle nos conduce
inexorablemente al pasado.

—La única manera de vivir muchos años es estando siempre un poco enfermo —dice Luder—. La muerte es un usurero que prefiere cargar primero con la buena moneda.

80

—Detesto dar consejos literarios —dice Luder—. Pero si algún joven insiste en pedírmelos, le responderé como un guardia de tránsito: evitar los cruceros, tomar las avenidas.

—Hay un dios —dice Luder—, pero pre-
cisamente porque es dios no tiene que
hacerse visible ni dar pruebas de su
existencia. En eso reside la esencia de
su ser y el secreto de su poder.

82

—El peor de los lectores —dice Luder—
es el intelectual zapatón que espera
marxistamente sentado en el poyo de
los libros la aparición de un mensaje.

—¡Cómo puedes aguantarlo! —critican a Luder porque visita a menudo en su buhardilla a un pintor viejo y paupérrimo.

—Es que me encanta su manera tan natural de invitarme a compartir su fracaso.

84

—Cuando Bonnard terminaba de pintar una tela —dice Luder—, cortaba en sus cuatro costados todo lo que sobraba. Lo mismo deberían hacer los escritores con sus libros. Así no leeríamos sino la página del medio.

Luder pasa rápidamente delante de un mendigo que le extiende plañideramente la diestra.

—¡Puerco! —grita el pordiosero.

Luder se detiene y regresa sonriente con una moneda en la mano.

—Solo esperaba que me llamaras por mi nombre.

86

—Nada me impresiona más que los hombres que lloran —dice Luder—. Nuestra cobardía nos ha hecho considerar el llanto como cosa de mujercitas. Cuando solo lloran los valientes: por ejemplo, los héroes de Homero.

—Le falta una generación para ser realmente distinguida —dice Luder de una amiga de origen modesto que se ha pulido y encumbrado—. Si la observas bien, te das cuenta de que debe estar extremadamente atenta, pues, al menor descuido, le asoma el rabo de la vulgaridad.

88

—Si te dan un golpe en la mejilla derecha, no presentes la izquierda —dice Luder—. Responde con un recto al hígado. No será muy católico, pero algo aprenderás.

—¡Cómo me encantan esos largos silencios que se producen de pronto en una conversación! —exclama Luder—. Solo durante ellos podemos sentir los latidos del corazón del tiempo.

90

—Cuando la nueva clase imponga su ley me colgará —dice Luder—. No sé si mi retrato en la galería de Hombres Ilustres o si vivo y pataleando en el primer poste público. Dos formas ignominiosas de matarme.

—Hay tantas universidades ahora
—dice Luder— que en ellas se distri-
buye más la ignorancia que el conoci-
miento. Los educadores olvidan que el
saber es como la riqueza: mientras más
se reparte, menos le toca a cada uno.

92

Luder lanza una mirada lenta, circular y fatigada a los miles de libros que contienen los estantes de su biblioteca.

—¡Cuánto ignoramos! —suspira.

93

—Lo que más me turba del universo —dice Luder—, suponiendo que sea infinito, no es que carezca de centro sino que carezca de forma. Como la forma es un atributo esencial del ser, el universo entonces no sería.

94

—Ha publicado un nuevo libro de poe-
mas —le dicen de un escritor premiado.

—Ya lo sé —responde Luder—. Ha
añadido una pieza más a su prontuario.

—El verdadero amor, en la medida en que excluya toda reciprocidad y toda recompensa, solo se da en la vía consanguínea —dice Luder—. Todo el resto es desvarío, ilusión o accidente.

96

Lo encuentran paseándose abstraído en torno a la mesa de su biblioteca.

—Me he dado cuenta —dice Luder— de que nuestra vida solo consiste en dar vueltas y vueltas alrededor de unos cuantos objetos.

—Es penoso irse del mundo sin haber adquirido una sola certeza —dice Luder—. Todo mi esfuerzo se ha reducido a elaborar un inventario de enigmas.

98

—No hay que buscar la palabra más
justa, ni la palabra más bella, ni la palabra más rara —dice Luder—. Busca
solamente tu propia palabra.

—Literatura es impostura —dice Luder—,
por algo riman.

100

—Solo verán aire en el aire —dice Luder—. He puesto tanto empeño en construir el pedestal que ya no me quedaron fuerzas para levantar la estatua.

EPÍLOGO
por Jorge Coaguila

Con ironía se consideró a Julio Ramón Ribeyro «el mejor escritor peruano del siglo XIX», por las técnicas que empleaba, más propias de narradores franceses decimonónicos que de un autor contemporáneo. Sin embargo, hay en este escritor limeño un interés por explorar géneros poco convencionales. En 1970 anotó en su diario, publicado con el título *La tentación del fracaso* (1992-1995), que los autores peruanos no utilizan otro género más que la novela, el cuento, la poesía y el teatro. «Es decir, los más antiguos, los que se cultivaban en Grecia. Nos falta esa extensión que le da a la literatura géneros más tardíos o géneros ancilares: ensayos, memorias, autobiografías, diarios, correspondencia y los subgéneros como la novela rosa, la policial, el *roman noir*, de espionaje, de ciencia ficción, novela histórica». Y en el prólogo de su *Antología personal* (1994), Ribeyro apuntaba en contradicción con su propuesta: «Las fronteras de los llamados géneros son frágiles y catalogar sus textos en uno u otro género es a menudo un asunto circunstancial, pues toda obra literaria es en realidad un *continuum*. Lo importante no es ser cuentista, novelista, ensayista o dramaturgo, sino simplemente escritor». No más.

Con este interés en la porosidad de los géneros, escribió las notas y aforismos que componen sus *Prosas apátridas* (1975, 1978, 1986). Más tarde, editó la selección de sus artículos, *La caza sutil* (1976), y los primeros volúmenes de su diario íntimo. Tenía en mente publicar en vida *Cartas a Juan Antonio*, la correspondencia con su hermano mayor, aunque finalmente apareció de forma póstuma, y *El pedestal sin estatua*, compendio de una docena de narraciones inconclusas, de las cuales se conocen «El Abominable» y *Autobiografía*. Otro proyecto trunco es *Proverbiales*, serie de anécdotas de personajes históricos, como Ovidio, Sade, Caravaggio. Después de ser rechazado por la editorial española Tusquets por su brevedad, en 1989, Ribeyro publicó *Dichos de Luder* en Jaime Campodónico Editor.

En la literatura peruana este libro es singular y carece de antecedentes. Sin embargo, encuentra su tradición en Europa. En los *propos*, los breviarios de declaraciones de escritores famosos, seleccionados de entrevistas o conversaciones con amigos cercanos, como los que se hicieron de Paul Valéry. Y en las máscaras literarias y los autores inventados. En Johannes de Silentio y los otros muchos seudónimos filosóficos con los que firmaba el danés Sören Kierkegaard. En Abel Martín y en Juan de Mairena, vidas y autores apócrifas a las que Antonio Machado les inventa una biografía, un pensamiento y una obra propias. En los heterónimos del portugués Fernando Pessoa. O en los personajes de *Historias de almanaque* (1949) que canalizan la voz de Bertolt Brecht.

***

Pese a no ser un escritor célebre, Luder consume la vida en función de la literatura, aunque no le preocupa el éxito, la fama o la fortuna. Cultiva su pasión casi en secreto, hasta que cierto día, harto de enigmas y de signos, renuncia, al parecer para siempre, a su labor en busca de la vida retirada. Quizá para olvidar las letras y el mundo civilizado, se instala en algún lugar apartado del Perú: hay quienes afirman que se marchó al valle del Urubamba, Cuzco, amancebado con una campesina jovencísima y analfabeta. Otros creen que se refugió en una caleta pesquera abandonada. Sin dejar de ser un escéptico, Luder es algo cínico y bastante hedonista. Cínico por no tomar en serio las cosas, por burlarse de las grandes ideas. Hedonista por entregarse al vino tinto; a la música clásica y los boleros; a las mujeres, aunque sin amor. Todo esto y que es un cuentista peruano afincado en París es prácticamente todo lo que sabemos de él. Sin embargo, a Ribeyro le basta para armar la máscara desde la que se expresa con libertad y exagera sin miramientos.

De hecho, hablar por boca de sus personajes es un recurso narrativo que ya había empleado en el cuento «Té literario». El relato discurre mientras unos antiguos vecinos del ficticio autor de *Tormenta de verano*, título tras el que esconde la novela *Crónica de San Gabriel* (1960), esperan a que este, ya célebre, les visite para tomar el té y conversar sobre su literatura. Antes de que llegue, los personajes discuten si es su mejor obra; a qué género se adscribe o si es costumbrista o no. Incluso se recoge de una entrevista del supuesto autor un breve dicho suyo: «Lo que más deseo es ser olvidado». Sin embargo, de entre todas las obras de Ribeyro, quizá la más afín con *Dichos de Luder* sea *Prosas apátridas*. Comparten no solo la brevedad o los temas, sino el estilo en un sentido muy concreto. En el cuento citado leíamos que «los grandes escritores tienen solo un estilo»; y en una entrevista que le hice en 1993, Ribeyro me señaló: «El estilo es un continuo; es lo que le da unidad a la obra. Para citar un caso: en la obra de Alfredo Bryce —trátese de sus cuentos, novelas, ensayos o textos periodísticos— encontramos siempre un mismo estilo, un estilo inconfundible. Claro que se puede imitar su técnica tan coloquial, oral, pero lo que no se puede copiar es su visión del mundo, que es algo muy profundo y que está en la raíz misma de cada escritor». En efecto, hay una red que conecta un libro con otro, hasta el punto de que algunos de estos fragmentos pueden leerse como formas condensadas de alguna de las prosas. El estilo se mantiene a pesar de la extensión —*Prosas apátridas* agrupó ochenta y nueve textos en

1975, ciento cincuenta en 1978 y doscientos en 1986— y de que en este libro media la figura de este perdedor nato que también es Luder.

«La palabra, una vez suelta, jamás se recupera», escribió el poeta latino Horacio en su *Arte poética*. Cuando se conversa, se producen ocurrencias, réplicas, chistes, sentencias y aforismos brillantes. Algunos propios y otros repetidos de otras conversaciones, como ocurre con el dicho 34, enunciado primero por Julio Cortázar, como el propio Ribeyro reconoció en una entrevista transmitida en 1986: «En una ocasión, en que hablábamos de un escritor que él [Cortázar] juzgaba anticuado, me dijo que cuando abría sus libros todas las letras salían volando, como una nube de polillas». O la del dicho 92, que llegó a sus oídos por el narrador chileno Jorge Edwards, y a su vez a este de Pablo Neruda. Otras saltan de la pluma de Ribeyro a la boca de Luder: el dicho 21, por ejemplo, viene de un comentario que Ribeyro ofreció sobre *La guerra del fin del mundo*, de Vargas Llosa.

Y tantas traslucen bajo la máscara las faccio-
nes del autor. Ambos han escrito bajo la fuerte
influencia de Kafka. Ambos bromean sobre el
alcance de sus obras. Luder se compara con un
jugador de tercera y Ribeyro hace recuento de
las impresiones de sus obras en 1971: «Supongo
que mi mayor tiraje habrá sido de unos diez mil
ejemplares, cuando gané un premio Populibros
con mi novela *Los geniecillos dominicales*. El
más bajo fue mi libro de cuentos *Los gallinazos
sin plumas*, que —a mi juicio— fue tirado a dos
mil». Ambos parecen tener mala salud. Luder
ironiza sobre sus achaques y quejas y Ribeyro da
cuenta de sus dos operaciones de cáncer. En la
prosa apátrida 139 escribe que desearía cambiar
el estómago de un fornido obrero por cuarenta
años de lecturas. En la 148 afirma que su capital
de vida se encuentra ya gastado y está viviendo
solo a crédito. En otro momento se describe
como un tipo envejecido y enfermo, aburrido y
cansado. Paradójicamente, considera que solo
manteniéndose enfermo es que sobrevive. En el

cuento «Solo para fumadores» (1987), se recuerdan sus intervenciones quirúrgicas: «Me desperté siete horas más tarde cortado como una res y cosido como una muñeca de trapo. Tubos, sondas y agujas me salían por todos los orificios del cuerpo. Me habían sacado parte del duodeno, casi todo el estómago y buena parte del esófago». En su diario, Ribeyro llama al cáncer «cangrejo». El 22 de mayo de 1975, por ejemplo, anota: «El "cangrejo" últimamente se ha avivado y desde hace algunos días da verdaderos saltos de pantera. Noches insoportables y en las mañanas esfuerzos inhumanos para levantarme. Y a pesar de ello persisto en no ver a mi médico».

Pero aun con todo, Luder no es Ribeyro ni este libro se agota en estas coincidencias. Un diminuto detalle: Luder reconoce no haber estado encarcelado y Ribeyro sí durante unas horas porque su permiso de residencia había vencido, lo que nos devuelve al sano y rico territorio de la ficción. En el último de los dichos leemos que el escritor ha puesto todo el empeño en construir el pedestal y que ya no le alcanzan las fuerzas para la estatua. Es una impostura, pero quizá también la invitación a imaginarla, a ocupar con su lectura el espacio faltante. Esto me dijo Ribeyro en una entrevista: «Lo que prima en una obra literaria no es tanto lo que el autor ha querido decir o ha tenido intención de expresar, sino lo que el lector encuentra. Eso es lo importante».

Referencias

BAUDRY, Paul (2009). «El pedestal sin estatua. La estetización del fracaso en *Dichos de Luder* (1989) de Julio Ramón Ribeyro». En Jorge Coaguila y Néstor Tenorio Requejo (eds.), *Julio Ramón Ribeyro: penúltimo dossier: homenaje a un clásico de la narrativa hispanoamericana*. Lambayeque: Tierra Nueva Editores y Universidad Nacional Pedro Ruiz Gallo.

ELMORE, Peter (2003). «Retratos del artista: *Prosas apátridas, Dichos de Luder* y *La tentación del fracaso*». *Umbral, Revista de Educación, Cultura y Sociedad de la Facultad de Ciencias Histórico Sociales y Educación de la Universidad Nacional Pedro Ruiz Gallo*, año III, número 4, Chiclayo, marzo, pp. 72-83.

FERREIRA, César (1990). «Julio Ramón Ribeyro. *Silvio en El Rosedal. Dichos de Luder*». *Chasqui,* revista de literatura latinoamericana, volumen XIX, número 2, noviembre, pp. 117-118.

FORNS BROGGI, Roberto (1996). «Ribeyro y la función visual del fragmento: notas en torno a *Prosas apátridas* y *Dichos de Luder*». En Ismael P. Márquez y César Ferreira (eds.), *Asedios a Julio Ramón Ribeyro*. Lima: Fondo Editorial de la Pontificia Universidad Católica del Perú, pp. 271-282.

GARCÍA MAYER, Iván (1989). «Ribeyro y la sabiduría de bolsillo. Dichos apátridas». *Sí*, Lima, del 17 al 24 de julio, p. 58.

HELFER VÁSQUEZ, Lizardo (2001). «Elecciones y los *Dichos de Luder*». *El Comercio*, Lima, 13 de abril, p. A12.

LÓPEZ DEGREGORI, Carlos (1989). «Crítica literaria. *Dichos de Luder*». *El Comercio*, Lima, 23 de julio, p. C2. 2004). «La búsqueda de la propia palabra: reflexión y confesión en *Prosas apátridas* y *Dichos de Luder*». Ponencia sustentada en el Coloquio Internacional en Homenaje a Julio Ramón Ribeyro. Lima: Instituto Raúl Porras Barrenechea, 22 de octubre.

LUCHTING, Wolfgang A. (1990). «Julio Ramón Ribeyro. *Silvio en El Rosedal* y *Dichos de Luder*». *World Literature Today*, LXIV.2, Oklahoma, p. 280.

MÁLAGA G., Óscar (1989). «Inventario de enigmas. *Dichos de Luder* de J. R. Ribeyro». *Caretas*, Lima, 3 de julio, pp. 76-77.

PINTO, Ismael (1989). «*Dichos de Luder*. El otro yo de Julio Ramón Ribeyro». Suplemento «Domingo», *Expreso*, Lima, 23 de julio, p. 19.

SÁNCHEZ AIZCORBE, Alejandro (1989). «Los *Dichos de Luder* y la coronación de Ribeyro». Suplemento «Dominical», *El Comercio*, Lima, 9 de julio, p. 17.

VÉLEZ MARQUINA, Elio (2002). «Alcances para una poética. Hacia una definición formal de los *Dichos de Luder* de Julio Ramón Ribeyro». *Martín. Revista de Artes y Letras*, Universidad de San Martín de Porres, año II, número 4, Lima, junio, pp. 51-60.

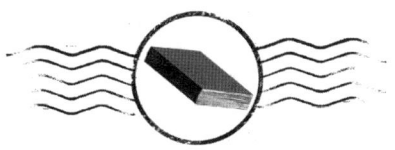

La primera edición de *Dichos de Luder* se terminó de imprimir en febrero de 2024. Cuatrocientos cuarenta y ocho años antes, en 1526, los editores venecianos de la Imprenta Aldina publicaron reunido el *Corpus hippocraticum*, un compendio de todos los tratados atribuidos al médico Hipócrates y a sus discípulos. Entre ellos se encontraba *Aphorismoí*: del verbo griego 'separar' o 'definir', aquel es el uso más antiguo que conocemos del término. Bajo el título se hallaban una serie de reflexiones breves sobre la ciencia del diagnóstico, lejanas a lo que hoy consideraríamos el arte del aforismo. No obstante, su primera oración constituye uno de los más memorables de la historia de la literatura: «La vida es breve; la ciencia, extensa; la ocasión, fugaz; la experiencia, insegura; el juicio, difícil». El aforismo: un género accidental, resbaladizo, anfibio.

OTROS TÍTULOS DE LA COLECCIÓN